La finca de los Grissom en Greenup
Aventuras de los primeros primos

Contada por:
Los primos Katherine Stover.
Sherry Campbell. Kristina Weeks y
Letha Bishop

Escrito por:
Dr. Kristina Weeks
Traducido por:
Maria Ximena Calero M.Ed

WGWPublishing.com

Primera Edición

Ilustrador: Victoriamedi

Edición: Wandah Gibbs Ed.D.

Traducción y edición en español:

Maria Ximena Calero M.Ed

Impreso en Los Estados Unidos

WGW Publishing Inc., Rochester, NY

La niñez se pasa muy rápido y las memorias y aventuras con los primos me hacen sonreír a menudo. Sherry Kay, gracias por apoyarme a que escribiera este libro, Letha Carol por escuchar mis ideas, Kathy por tus ideas. Juntas, nosotras compartimos estas memorias que pasarán a las futuras generaciones.

Yo quiero dedicar este libro a mi esposo Sean, a mis hijos Kristian y a su esposa Kristie, a Shane y a su esposa Adrien y a Preston. Además, a mis padres, Reverendo Wes Wuerch y Letha Wuerch y a mis hermanos: Dr. Katherine Stover/Jarred Stover; a Keneth y Lesley Wuerch. Willow y Crosby.

La estimulación de mi familia me inspiró a seguir mis sueños (la escritura); a continuar amando el aprender (terminar mi doctorado en liderazgo) y aprender a apreciar otros lenguajes y culturas.

Introducción

Está historia comenzó hace mucho tiempo atrás en una finca en Greenup, Illinois en los Estados Unidos. La finca era del Sr. Carl Grissom y su esposa, quienes se dedicaron a sembrar maíz, granos y a la crianza de ganado. Está situada en una calle rural, a siete millas de la finca de la familia del que fue presidente de los Estados Unidos, Abe Lincoln.

Cada verano, en la finca de Greenup de la familia Grissom, la familia se reunía para celebrar la vida, el trabajo y a cada uno de los miembros de la familia. Aquí, cuatro primos hermanos compartían experiencias en una serie de memorias para niños. Siéntate y disfruta de las aventuras de estos primos en la finca Grissom de Greenup.
Estos primos hermanos eran tan cercanos como hermanos. Nuestras memorias en esta

finca son tantas, que cada vez que reflexionamos en ellas, se escucha algo como:

—yo recuerdo cuando nosotros hicimos esto... y

—¿Recuerdas cuando nosotros hicimos esto otro?

Pronto nosotros descubrimos que todas estas memorias vividas, las teníamos que compartir para que otros las disfrutaran también.

La mayor del grupo era Sherry Kay. Sherry era la más pequeña de tres hermanos, Lela y Jim. Lela era la hija mayor del Sr. y la Sra. Grissom. Los hermanos mayores de Sherry Kay eran Allen y Stephen, quienes hicieron que la vida de Sherry estuviera llena de juego de palabras, risas y juegos. Sherry

Kay era la líder de todos los primos y la mayoría del tiempo cuando los hermanos mayores ayudaban a los abuelos con labores en la finca, ella lideraba el grupo hacia la siguiente aventura. Kathy y Kristi eran hermanas, junto a Wes y Letha. Letha Mae era la segunda hija mayor del Sr. Carl Grissom y su esposa.

La familia viajaba desde Texas cada verano hacia la finca de los Grrissom en Greenup, no solo para visitar, sino para ayudar con las labores y actividades diarias de la finca. Letha Carol es la hija de Viola y Butch Holder y hermana mayor de David. Viola era la tercera hija del Sr. y la Sra. Grissom. La familia Holder viajaba desde Georgia cada verano para visitar la finca y participar de la vida finquera.

El hijo mayor de los abuelos Grissom es Everett, quien tenía una finca justo a pocas millas de la de sus padres. Sus tres hijas Robin, Angela y Dayna venían constantemente a visitar, cuando el resto de la familia estaba ahí en los veranos. Los primos no solo disfrutaban de verse, sino que también participaban de muchas de las actividades de la finca. Los meses del verano estaban llenos de muchos oficios en la finca, pero más que todo era un tiempo para estar juntos y disfrutar...

Capítulo 1
Actividades diarias en la finca

—Por favor pasenme la sal y la pimienta—
decía Kristi por tercera vez.

La sal hacía que la mazorca dulce que
preparaba la abuela Alene, supiera mejor.
Kristi -de 6 años- amaba este momento del
día cuando toda la familia se reunía
alrededor de una gran mesa de roble, Cada
silla de la casa finca se usaba para que los 22
miembros de la familia se pudieran sentar a
comer juntos.

La abuela Arlene y sus hijas, Letha Mae y
Viola siempre preparaban una gran cantidad
de comida fresca del jardín: habichuelas,
puré de papas, ensaladas y pie de cereza.
Cada distinto juego de vajillas, cubiertos y
vasos se usaban para asegurarse de que cada
uno pudiera sentarse, comer y hablar de los

eventos del día. Stephen, el primo de 12 años, se encargaba de que cada uno de los primitos tuviera una soda con un pitillo. Después de un gran día de trabajo, de juegos debajo del gran árbol de roble y de limpiar --- una gaseosa era un gran premio.

El tío "Wes" usualmente daba gracias y oraba por la comida; luego la rotación de platos comenzaba. Cazuela de papa dulce, mazorcas, puré de papas, habichuelas, pollo al horno y panecillos frescos para comenzar. Otros platos como calabaza, zanahorias, tomates en rodajas pequeñas, okra, pepinillos y otros platos llenaban la mesa, hasta que ya no quedaba ningún espacio libre.

—Aquí está— decía Allen, mientras le pasaba la sal y la pimienta a Kristi.

—¿Estás segura que solo quieres la sal y la pimienta?

Allen tenía 14 años y era la mano derecha de mi abuelo en la finca. Él era maduro para su edad y no solo ayudaba a que todo funcionara en la finca, pero se tomaba el tiempo para que los primos tuvieran tiempo para jugar béisbol, la lleva, caballito y pudieran ver como el tractor jalaba cosas.

—No Allen y para que sepas, está noche que juguemos béisbol, yo quiero ser parte de tu equipo.

Como ves, casi todas las noches después de cenar, los primos jugaban juegos como el béisbol, mientras los abuelos, tíos y tías se sentaban alrededor del porche a aplaudir. Allen era definitivamente el mejor jugador y obviamente todos los primos queríamos estar en su equipo. Él podía pegarle a la pelota y dirigirla hasta el cultivo de maíz para anotarse un jonrón cada vez que le tocaba batear. Esto era siempre un desafío para los primos más pequeños así que se hizo una regla en donde Allen solo podría tener una que otra persona en su equipo.

—¿Me pueden excusar?— decía David, quien siempre quería saltar de su silla apenas terminaba de comer.

—Él abuelo le respondía— sí niño pero asegúrate de llevar tu plato a la cocina.

David tomaba su plato, sus cubiertos y su lata de soda para llevarlos a la cocina. Los platos los ponían en tinas al lado del lavaplatos. David sabía exactamente dónde poner la lata vacía de soda: en una caja al lado de la puerta que conducía al porche de atrás.

David luego corría a agarrar su frasco con tapa de la despensa blanca. Él sonreía mientras lo hacía porque estaba emocionado por lo que iba a ocurrir después. Él fue él primero en agarrar su frasco esa noche, lo que significaba que iba a ser él primero en atrapar luciérnagas. Apenas David agarró su frasco, salió de la cocina hacia el campo abierto.

La cocina de la abuela Alene consistía en una estufa de madera, un lavaplatos y una mesa de desayuno. A pesar de no tener electrodomésticos modernos, la cocina estaba llena de amor; desde la pintura despintada de los gabinetes, hasta la puerta del sótano donde el abuelo guardaba sus herramientas de la finca. La cocina estaba ubicada en la parte de atrás de la casa y tenía un porche anexo. La puerta de atrás se usaba como la entrada principal y estaba al lado de los dos grandes congeladores donde se guardaba el bagre atrapado en el estanque del abuelo. A lo largo de las paredes estaban las botas plásticas, los zapatos tenis y otros zapatos limpios alineados en la puerta listos para ser usados antes de entrar a la casa.

¡Béisbol, si béisbol! Divertido y mucho béisbol. Los primeros primos duraban horas y horas jugando en la tarde béisbol. La parte delantera de la casa era el perfecto escenario y el abuelo hasta hizo un montículo de tierra para el lanzador.

En un cuaderno que se guardaba en la cocina se llevaba el récord de los juegos y era un lugar familiar para los primos, porque podían volver a revisar los puntajes de juegos anteriores, Esa noche, sin embargo, atrapar luciérnagas iba a ser primero, seguido de un juego de béisbol y luego lavar los platos.

Tres comidas se servían en el día y no había lavadora de platos, así que lavar los platos era un continuo evento en la finca. Cada noche, después del juego de béisbol, los platos se lavaban a mano. Los primos crearon una línea estratégica que consistía en lavar los platos, enjuagarlos, secarlos y luego guardarlos donde correspondía.

Kathy, la más pequeña, se paraba sobre una silla o escalera para alcanzar él lavaplatos. Su responsabilidad era enjuagar los platos. Kristi los secaba y Sherry Kay los ponía en su lugar. Letha comenzaba la línea enjabonando los platos. Las niñas duraban horas asegurándose que todos los platos quedaran limpios y organizados.

Luego llegó el momento de cantar: canciones para contar y 99 latas de soda en la pared, baja una, pásala alrededor, o Maria tiene un corderito. También era el momento en donde las niñas planeaban las aventuras que harían al día siguiente.

—Yo hoy voy de primero— dijo David mientras rápidamente caminaba atravesando la gran mesa de roble con su frasco en la mano— luego atravesó la sala, y salió por la puerta corriendo.

El resto de los primos rápidamente lo siguieron, primero pidieron permiso para retirarse, pusieron sus platos en la cocina y se fueron a agarrar sus propios frascos. Nosotros amábamos este momento antes de que comenzara el juego de béisbol; nosotros nos tomábamos nuestro tiempo atrapando luciérnagas y poniéndolas dentro de los frascos. Las luciérnagas salían antes del anochecer y volaban de un lado al otro haciendo que corriéramos para atrapar una luciérnaga y luego otra. El primo que atrapara más luciérnagas sería felicitado y guardaba su récord hasta la siguiente noche.

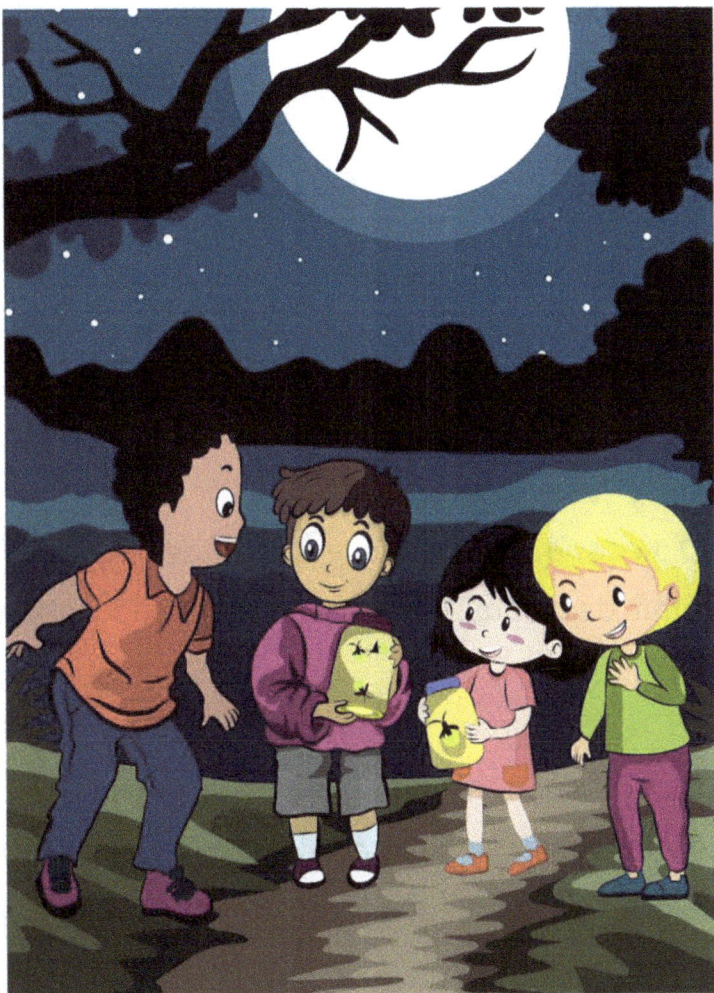

—Yo tengo 10— decía Sherry Kay.

—Déjame contar, yo tengo siete— contestó Kathy.

— Yo tengo 14— dijo Stephen.

Letha, levantando su frasco dijo:
—Yo tengo nueve.

Kristy los siguió,
—Yo acabo de atrapar una grande. Parece la mamá de todas. Ella está emitiendo ondas eléctricas.

Todo él mundo corrió a mirar su frasco. Ella estaba en lo correcto, la luciérnaga estaba grandísima y brillaba con una luz radiante.

Stephen interrumpió:
—Bueno, ¡esa ahí se lleva el pastel! Parece que Kristi atrapó la mejor de la noche.

David con su cara triste dio la espalda y dijo:
—Pero yo tengo más que todos. ¡Yo tengo 18!

—Bueno, vamos a votar para ver quien es él ganador de la noche. ¿David con la mayoría de las luciérnagas, o Kristi con la luciérnaga más grande de todas?

Con un tono serio, Stephen retomó:
—Aquellos por David, levanten su mano.

Stephen contó.

—Ahora por los de Kristi, levanten su mano.

La pregunta se hizo y los votos se tomaron, cuatro a tres.

—¡David ganó por un punto!

Antes de que oscureciera, los primos decidieron empezar el juego de béisbol. Los equipos se formaron y Kristi, por lo menos esa noche, pudo ser parte del equipo de Allen, que constaba de él solo. Sherry Kay se puso de primera al bate. Allen le lanzó la pelota y Sherry corrió hasta la primera base en su cuarta bola.

Luego Letha logró llegar al bate.
—Vamos lanzame una rápida Allen— le dijo mientras movía el bate. Yo estoy enfocada en lanzarla hacia las habichuelas— ella gritaba.

Todo el mundo sabía que la línea de habichuelas era la última línea del jardín y era donde Allen normalmente lanzaba la pelota, por lo que él obtenía muchos jonrones.

El lanzador lanzó y el bate zumbó.
—Un *strike*— gritó David, quien jugaba de ampayer.

Se hizo el segundo lanzamiento y la bola pegó en la mitad del bate. Fue un gran batazo.

—Corre Letha, corre— gritaba Kathy.
—Corre, Sherry Kay, corre— le gritaba Kathy.

La bola se fue en dirección a la primera base y Kristy logró alcanzarla mientras Allen corría hacia la base. Era difícil jugar con solo dos jugadores. Kristy lanzó la pelota y Allen la atrapó, pero no a tiempo para interceptar la jugada. Eso quería decir que la primera y segunda base estaban llenas.

David, el tercer mejor bateador, estaba listo para batear.

—Dame una buena bola para batear Allen— le gritaba David mientras miraba al lanzador.

Cada uno de los primos tomaba turnos para jugar en distintas posiciones en el campo y en ese momento era el turno de David para batear. Kathy entonces tomó la posición de ampayer y Allen se fue de lanzador está vez. La bola se lanzó.

—Un *strike*— gritó Allen.

La bola la recogió Kathy y se la tiró a Allen. Letha, Sherry Kay y Kristy estaban listos para realizar sus siguientes movimientos.

—Aquí vamos— Kristy le dijo a Allen mientras caminaba hacia el montículo.

Stephen estaba hacia un lado haciendo calentamientos para poder batear. Él observaba como David intentaba pegarle fuerte para lanzar lejos la pelota y permitirles a los otros anotar carreras. Stephen supo que si David no lo lograba, sería su turno de intentar anotar carreras. Además sabía que si Allen lograba llegar a batear, era un jonrón seguro para anotar. Stephen seguía practicando con el bate de madera en el aire.

La pelota fue lanzada y David movió su bate.

—Segundo *strike*— gritó Kathy.

David volvió a mirar con cara disgustada. Él necesitaba pegarle lo suficientemente fuerte a la bola para que las niñas pudieran anotar carreras.

—Está bien, estoy listo— dijo David.

Kathy le lanzó la bola a Allen. Allen se calentó y lanzó la bola. Parecía como si viajara en cámara lenta, mientras el público volvía a mirar a David. Él con fuerza giró el bate y éste tocó la pelota. Se fue directamente hacia el campo donde Kristi estaba parada. Ella miró hacia arriba y de la nada, la pelota tocó su guante. ¡Kristi ha atrapado la pelota!

Saltando de arriba a abajo, ella gritó:
—¡Lo logré! Yo atrapé la bola. ¡David tu estas fuera! — ella exclamó.

Asombrado, Allen corrió hacia donde Kristi para chocarle esas cinco.

—Que buen trabajo compañera de equipo— él le dijo mientras le daba golpecitos en su cabeza.
—Lo hiciste, primita— continuaba Allen.

La suerte la tenía, ahora era el turno de Stephen para batear. Stephen, el segundo mejor bateador de la familia estaba más que listo para la jugada.
—Bueno, ahora lánzame un *strike*...

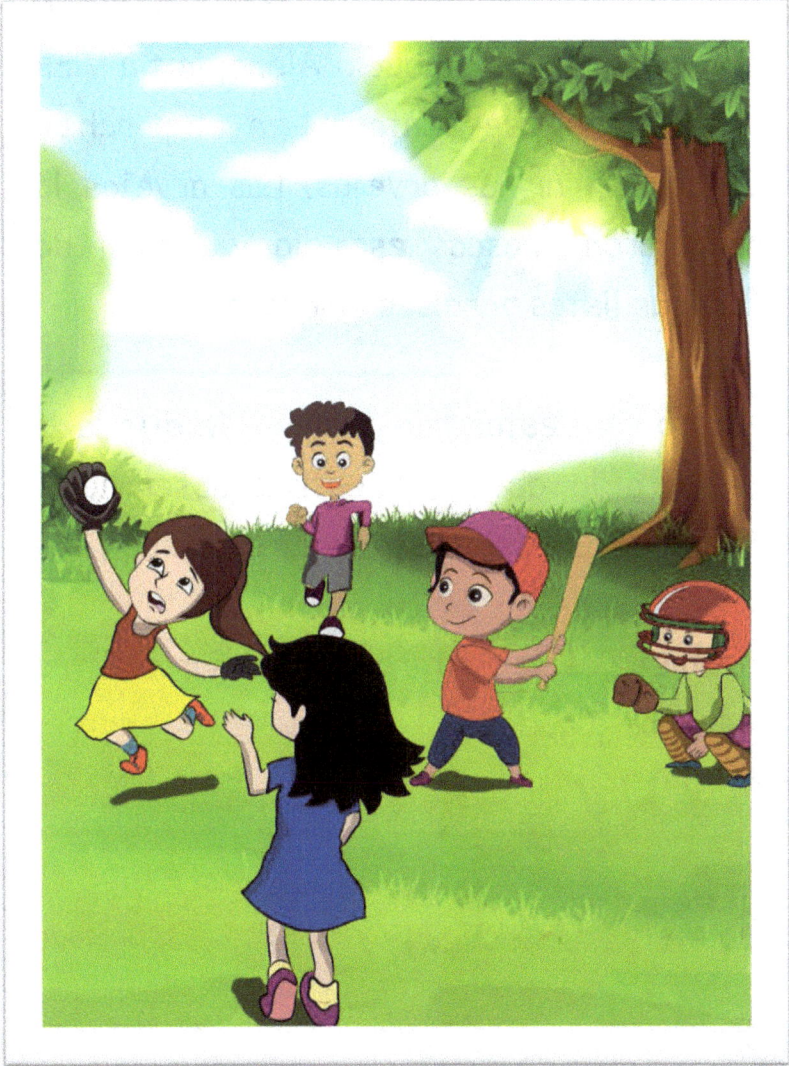

Mientras los primos jugaban béisbol, el sol se estaba poniendo en un escenario perfecto. Mientras tanto, la abuela Alene, la tía Viola, la tía Letha se sentaron en el porche a descascarillar las arvejas. Las arvejas las recogieron frescas ese día y habían dos fanegas listas para ser enlatadas.

—Esto va a estar muy bueno— le dijo la tía Letha a la abuela, mientras observaba a Stephen quien se alistaba para batear.

Las mujeres se sentaron a trabajar mientras los niños jugaban.

Capítulo 2
Conejos y tiras cómicas

Observar a los primos jugar con la pelota fue muy divertido. Después de todo, el viejo televisor solo tenía tres canales y era considerado un lujo ver televisión en la finca. De hecho, el sábado en la mañana era el día de la semana en que los primos se reunían para ver televisión. La pequeña sala de la finca estaba llena por dos horas cada sábado en la mañana mientras Bugs Bunny, Gasparin el fantasma amigable y El pájaro carpintero se mostraban.

Era una sola risa de todos los primos la que se escuchaba en la casa en ese momento, mientras todos sentados miraban televisión y se tomaban un chocolate caliente fresco, con leche recién ordeñada de la finca. La abuela Alene siempre se aseguraba de tener suficientes pitillos y mucha cocoa a la mano.

Los nietos disfrutaban de este tiempo y ella siempre les recordaba a los primos durante la semana, que ninguno se quisiera perder las caricaturas de los sábados.

—Habrá un nuevo episodio de Bugs Bunny esta semana, asegúrate de hacer todos tus oficios— les explicaba a Sherry Kay y a los otros durante el desayuno del viernes.

—No quieres perderte de verlo comer sus zanahorias y explorar su siguiente aventura, —agregaba Kathy.

—Abuelita Alene, ¿crees que podríamos tener un conejo en la finca?— preguntó Kristi.

—Oye Kristi, ¿no sabes tú que aquí en la finca hay bastantes conejos salvajes, que constantemente están tratando de comerse todo del jardín de la abuela?— le dijo Stephen.

—Muéstrame— le contestó Kristi.

—Bueno, vamos— le dijo mientras se levantaba sutilmente de la mesa.

—¿Me pueden excusar?— preguntó Kristi

—Sí— le contestó la tía Letha, pero asegúrate de tener mucho cuidado.

¡Era todo un acontecimiento que te dejaran ir a trabajar en el jardín, e ir solo a buscar conejos! Sherry Kay, Letha, Kathy, David y Allen también querían acompañar a Kristi en su aventura.

Tomando turnos para devolver los platos a la cocina después del desayuno, se fueron afuera antes de que comenzara el trabajo en la finca de los Grissom. Stephen dirigió el grupo hacia la parte de atrás del jardín.

—Vamos a comenzar por aquí porque algunas veces yo los veo que vienen y se asoman aquí en el borde del jardín, buscando algo para comer— les explicó Stephen.

El resto lo siguieron y por una vez más, los primos estaban comenzando una nueva aventura.

El jardín estaba localizado exactamente al lado de la casa vieja de la finca. Era de más o menos un acre de grande y tenía filas y filas de vegetales. La siembra de maíz alineaba el jardín y estaba separada por una pequeña cerca de alambre de púas, localizada entre las habichuelas y los acres de maíz. El jardín estaba tan bien diseñado, que cada fila de vegetales tenía solo un tipo de vegetal sembrado. Esto hacía que fuera más fácil mantenerlo y plantar.

Cuando llegaba la hora de la cosecha de vegetales, los canastos eran alineados frente a las filas de habichuelas, calabazas, zanahorias, lechugas, cebollas, pimientos, tomates, quimbombó, pepinos y papas. Cada uno de los primos tomaba dos canastos y dos cajas para cargar los vegetales. La recogida consiste en moverse de atrás hacia adelante entre un vegetal y otro.

Stephen y David hicieron una apuesta de cuál de los dos recoge más vegetales y al final cada uno debía contarlos.

—Yo terminé con mis canastos y ya casi termino con mis cajas— le gritó Stephen a David.

—Eso es puro cuento, (copiando una frase de Bugs Bunny), yo voy a terminar antes que todos ustedes, querido Stephen.

Agarró sus canastos y sus cajas y se fue rumbo a la casa. El cobertizo sería un buen lugar para que los vegetales descansaran antes de que los lavaran y los envasaran. Que colores más bellos: rojo, verde, amarillo, blanco, cafe y anaranjado cubrian todo ese lugar. Esto representa la perfecta recogida de comida saludable, de la finca a la mesa de comida y la muestra de un arduo trabajo.

La abuela Alene los llamo a todos:
—Corran niñas, corran, mientras aplaudía y les hacía barra a todos sus nietos.

Su sonrisa era contagiosa mientras los primos continuaban jugando béisbol. La tía Vi y la tía Letha empezaron a hacer barra también:

—¡Ustedes pueden niñas!— Mientras Stephen se alistaba para batear.

—Esto es para un buen marcador— les gritaba la tía Vi.

La segunda bola fue lanzada y Stephen intentó aterrizar la pelota.

—¡Strike número dos!— gritó Allen.

Stephen estaba consternado. El sabia todo acerca del béisbol y éste habia sido un error tonto. Él se recuperó y se alistó para la tercera bola.

—Ya estoy listo— anunció él.

Mientras el juego continuaba, el abuelo y el resto de los hombres estaban sentados sobre la roca blanca, debajo del viejo árbol de roble. Las líneas de expresión por la edad se le notaban al abuelo en su cara mientras observaba a sus nietos jugar beisbol. El abuelo Grisson trabajó desde muy temprano en la mañana, tres de la mañana, hasta altas horas de la tarde en varias actividades de la finca. Él amaba que sus nietos vinieran a visitarlo todos los veranos. Eso significaba, no solo que todo el mundo ayudaba en las labores de la finca, sino que era un tiempo importante para hacer memorias. La finca proveía de una buena vida, pero además les daba la oportunidad a los nietos de adquirir buenas experiencias.

Capítulo 3
Visitar el pueblo

Con cada actividad en la finca llegan muchos recuerdos vividos. Uno de esos recuerdos era el ir al pueblo a comprar dulces y bebidas gaseosas. Esto lo hacíamos los sábados en la mañana y este particular sábado le tocaba el turno a Kristi y a Kathy.

Mientras los otros primos veían muñequitos en televisión, las niñas se arreglaban para ir al pueblo. La vieja camioneta roja la llenaban de cajas de varias gaseosas como Coca Cola, Dr. Pepper, Pepsi, Naranja. Sprite, Uva y Fresa - todos en botellas de vidrio. Era un placer ver el platón de la camioneta llena de cajas de gaseosas, de principio a fin.

Las niñas no podían esperar a estar listas para salir y hacer una carrera hasta llegar a la camioneta, emocionadas por la aventura.

—Apúrate— le gritaba Kristi a Kathy. No me quiero perder esto. Hoy nosotras podemos escoger nuestro dulce favorito.

Kathy le contestó— Yo sé, yo ya quiero mi Kit Kat (su chocolate favorito).

—Bueno yo quiero gomitas de osito y yo se que el abuelo nos va dejar comprar palitos de caramelo para todos— agregó Kristi. Así será---las cajas grandes de los palitos de caramelos serán comprados en varios sabores de uva, fresa, cereza y frutas.

Las niñas corrieron a la camioneta a esperar a que su abuelo Grissom llegara.

El viaje hasta el pueblo era de aproximadamente 20 minutos. La vieja camioneta tenía un sonidito aquí y otro por allá. La silla de enfrente tenía un forro multicolores que ya estaba viejo de tanto uso. Sin embargo cuando llegaba el día de ir de compras, la camioneta estaba limpia de todas las herramientas, bolsas de granos y de la madera cortada. Los nietos se apilaban en la silla de enfrente y la aventura comenzaba. No se le llamaba "la silla de enfrente" porque la vieja camioneta solo tenía esa silla que podía llevar tres pasajeros.

—Yo me pido la mitad— dijo Kathy.

—Yo me siento de regreso ahí— respondió Kristi.

—Hora de irnos— les dijo el abuelo. Necesitamos regresar hacia el mediodía para alimentar los cerdos, así que montense rápido.

El tiempo de viaje pasó volando y fue una sola carrera el bajarse de la camioneta, hasta llegar a la vieja tienda del pueblo. Greenup tenía solo una calle principal y una sola tienda de víveres. Todas las personas en Greenup se conocían y cuando familiares de alguien venían a visitar, todos los trataban muy bien.

—Veo que trae a sus nietas con usted hoy— le dijo la dueña de la tienda al abuelo.

—Si, ellas son Kristi y Kathy. Ambas son de Texas, tú sabes las niñas de Letha Mae— continuó el abuelo.

—Que increíble cómo han crecido estas niñas. ¿Qué van a comprar hoy?— continuó la dueña de la tienda.

—Bueno yo me voy a llevar lo de siempre, bebidas gaseosas y voy a dejar que las niñas escojan el dulce que quieran— le contestó el abuelo.

Las niñas estaban tan emocionadas que se fueron corriendo directo a la línea de dulces. La tienda tenía una gran variedad espectacular de dulces multicolores, sabores, figuras y tamaños. Kristi agarró un dulce pequeño, mientras que Kathy se fue directo hacia las barras de dulce. Ella agarró muchísimos chocolates *Kit-Kats*.

Capítulo 4
El árbol de cereza

El viejo cerezo, el cual estaba solitario a un lado de la finca, estaba cubierto de cerezas ácidas. Sus ramas descansaban sobre un viejo cobertizo blanco que solía ser la estación de ordeño, cuando la finca Grissom en Greenup era una finca lechera. Los primos amaban ir a recoger las cerezas para la abuela Alene. Ella luego hacía cosas deliciosas y escrupulosas, pero también hacía pastel de cereza casero. Los primos recogían tantas cerezas que ella hacía mermeladas, gelatinas y una crema de cereza para el helado.

Algunas veces la abuela tenía puesto su vestido *Tiffany* de algodón azul, con su delantal blanco sobre el vestido. Ella se sentaba en la terraza de enfrente y le preguntaba a todos los primos si estaban listos para recoger las cerezas. Los primos sabían que entre más cerezas recogieran, más pasteles de cereza ella iba a preparar. La abuela siempre nos recordaba que las canastas estaban en el cobertizo y que nos aseguramos de cerrar la puerta para que la vaca lechera no se saliera de ahí.

Stephen corrió hacia el cobertizo primero para abrirnos la puerta. Kathy estaba detrás de él siguiendo cada movimiento. Habían canastos de todos los tamaños y colores, pero el que Stephen escogió era negro de 5 galones con una manija grande. Kathy escogió uno similar, pero pronto se dio cuenta que era muy grande y se resolvió por uno azul más pequeño, de más o menos un cuarto de galón. El resto de los primos entraron al cobertizo y escogieron sus canastos también. Todos estaban listos para partir.

El árbol que no estaba muy lejos del cobertizo, daba mucha sombra mientras ellos recogían las cerezas. En el momento en que empezó la recogida, Kristi gritó que la puerta del cobertizo había quedado abierta. Ella no estaba muy preocupada pues no había visto salir a la vaca. Ella corrió y rápidamente cerró la puerta.

Mientras recogían las cerezas, los primos cantaban canciones chistosas que ellos se inventaban.

Sherry comenzó con la primera:

> —Yo soy un patico, quack, quack, quack
> Tu eres un patico, quack, quack, quack
> Con un poquito de suerte, quack,
> quack, quack
> No regresarás, quack, quack, quack
> Extrañas a tu mamá, quack, quack,
> quack

Y tu estas en tus pijamas, quack,
quack, quack
Vete de regreso a la cama, quack,
quack, quack
Cabecita dormilona, quack, quack,
quack—

Los primos gritaban de emoción. Cada uno comenzó a cantar su propio verso y todos hacían el coro:

—Yo soy un patico, quack, quack, quack

La abuela salió a la puerta a recoger una manguera verde. Ella le pidió a Allen que abriera la llave del agua. El corrió con sus overoles azules, con una correa caída en unos de sus hombros. Allen abrió la llave hasta el máximo, pero la abuela le recordó que la dejara medio abierta para que no la mojara a ella. Luego ella le pidió a Stephen que agarrara un recipiente y lo llenara de agua para llenar los platos de los perros. Mientras él iba a agarrar el recipiente de manos de la abuela, ella le recordó a los primos que acababa de hornear galletas con chispas de chocolate y que estaban listas para que se las comieran con un vaso de leche.

Todos los primos trajeron sus canastas llenas de cerezas a la terraza de enfrente. Apenas la abuela vio la cantidad de cerezas que se habían recogido, ella sacudió su cabeza con deleite y dijo:

—Eso se ve muy bien. Yo pienso que haré dos pasteles.

Ella entró a buscar las galletas y la leche. Letha quería lavarse las manos antes de comerse su merienda.

Ella le gritó al resto de primos— Vamos a lavarnos las manos al granero.

Adentro del granero había un lavamanos grande con una barra de jabón. Todos los niños fueron y se lavaron las manos y sacudieron las manos para secarlas con el aire. Antes de que ellos supieran, la abuela ya estaba de regreso a la terraza con las galletas recién horneadas.

Mientras se comían su deliciosa merienda, los chistes comenzaron. David comenzó primero.

—¿Qué pasa cuando un pajarito besa a otro pajarito?

Kathy y Kristi ambas fruncieron sus seños e hicieron caras, mientras Sherry Kay y Letha hacían sonidos de besos.

Sherry preguntó: ¿Qué pasa?
—David le respondió— ilos pajaritos no se besan, se pican, jajaja!

Al rato, mientras los primos seguían jugando
enfrente de la casa, la abuela salió la terraza
de enfrente y dijo:

—¿Quién quiere pastel de cereza de postre
esta noche?

Todos los primos gritaron de emoción.

Capítulo 5
El rey

El cobertizo de la motobomba del agua
estaba localizado entre el viejo garaje y la
casa. No solo servía para bombear agua a la
casa. También servía de casa para los
perros del abuelo. Ellos siempre
deambulaban por todos lados libres,
excepto en ocasiones especiales, como
cuando había una fiesta de cumpleaños, una
reunión familiar, o cuando venían amigos a
comer. Después de todo, no a todo el
mundo le gustan los perros, pero
generalmente ellos estaban libres en la
finca y seguían al abuelo Grissom a todos
lados que él iba. Él llevaba los perros a los
sembrados, al granero, los montaba en la
vieja camioneta y los llevaba alrededor de
las áreas de madera. Los perros eran
fieles acompañantes y se comían las sobras
de la

mesa. Cuando llegaba la familia en el verano, los perros amaban la atención extra que recibían y querían participar de todas las actividades que se hacían.

El perro alfa líder del grupo es mitad perro y mitad lobo. Se llamaba Rey. Sus dientes eran filosos como un cuchillo plateado afilado y su ladrido era fuerte como una corneta y se podía escuchar al otro lado de la finca. Caminaba con arrogancia, como indicando que él sabía que era el jefe. Su largo pelaje negro, con matices grises, mostraba su autoridad y él lo sabía. Rey no solo era protector y un perro guardián, él era una bestia salvaje el cual no tenía problema de atacar si era necesario. Esto se hacía evidente cuando extraños querían acercarse a la propiedad cerca de la casa de la finca. Rey aprovechaba la oportunidad para tomar la iniciativa y ahuyentar a cualquier intruso.

En muchas ocasiones la abuela Alene tenía que calmarlo, para que los nietos no se fueran a asustar. El era cariñoso con ella y sus ojos le mostraban lealtad hacia ella. En los largos días en que el abuelo viajaba para vender pacas de heno en otras ciudades, la abuela Alene dependia de Rey para que fuera su protector. El ladraba para advertirle a ella que venían visitantes, incluyendo animales salvajes como coyotes, culebras, zorros y cerdos salvajes.

Si, muchos cerdos salvajes. Las porquerizas estaban detrás de la casa y eran atracción para otros animales. Estas porquerizas estaban llenas de todo tipo de sobras de comida, heno fresco y bebederos de agua. La tentación perfecta para que otros animales llegaran ahí a comerse todo. Rey ladraba con todas sus fuerzas para hacerle saber a la abuela Alene acerca de que algún visitante no esperado se arrimaba, lo que le daba a él la oportunidad de posicionarse a la defensiva.

A medida que se ponía más viejo, también lo hacía su visión. El conocía el aroma distintivo de cada primo, así como su altura. El era juguetón cuando llegaba el momento de consentirlo o de darle un premio. Stephen jugaba con él lanzándole un palo. Pero con la edad, se le fue haciendo más difícil a Rey ir a buscar el palo.

—Vamos niño, vamos y toma el palo— exclamaba Stephen.

Rey saltaba, lo atrapaba y salía corriendo. Algunas veces se quedaba haciendo círculos sin saber donde había aterrizado el palo.

—Vamos niño, tú puedes hacerlo— repetidamente le gritaba Stephen.

Luego llegó el ciclo interminable cuando intentaba jugar a atrapar el palo con Rey. El día comenzó hermosisimo; el sol estaba brillante y las actividades habían empezado en la finca. Sin embargo, este día no se olvidará jamás. Mientras Rey estaba echado descansando al lado de la motobomba del agua, el trataba de mirar detenidamente por algo que lo hiciera ladrar. Su vista cada vez estaba peor y lo único que podía ver eran sombras. En ese momento, el primo David tenía solo cuatro años. El estaba muy emocionado de llegar a la finca después de una larga primavera, así que decidió saltar del carro. Mientras corría hacia la casa, David decidió ir y darle una palmadita a Rey en su cabeza. Al acercarse a Rey, todo lo que Rey veía era una sombra. Rey le mostró sus dientes y gruñó.

—¡Ayúdenme!— gritó David

—¡Rey me mordió!— David gritó aún más
fuerte.
—¡Ayúdame mamá!— mientras las lágrimas y
la sangre corrían por su carita.

La tía Vi, el tío Butch, el abuelo y otros
salieron corriendo a rescatar a David, pero
fue demasiado tarde. Los dientes de Rey
habían penetrado los músculos de la cara de
David. David lloraba sin control y la tía Vi lo
agarró y lo cargó y se lo llevó corriendo al
carro.

—Trae una toalla o algo para parar el
sangrado— gritaba la tía Vi.
—Yo traigo una— contestó la abuela Alene.

El tío Butch agarró las llaves del carro,
mientras la tía Vi intentaba montar a David
al carro. La cara de David comenzaba a
mostrar el daño de la mordida. Las marcas
de los dientes de Rey se veían del lado

derecho de su cara. La mordedura había desgarrado la piel a una pulgada de la barbilla. La pequeña mano de David continuaba teniendo la piel descolgada de su cara donde el músculo había quedado expuesto. Su llanto constante mostraba lo asustado que estaba, mientras la tía Vi continuaba haciendo presión en la herida con una toalla pegada a su cara. El camino al hospital parecía eterno y solo estaba a 20 millas de la finca.

Ese día será siempre recordado, pues a pesar de que la cara de David se sanó, la cicatriz le quedó. Después de haber regresado del hospital y de recibir puntos, a Rey lo pusieron en el granero bajo supervisión. Luego de que las emociones se calmaron y que las heridas de David se sanaron, un momento de reflexión le bastó al abuelo para tomar la decisión que Rey no podía jugar más con los primos. Ese fue un día triste, pero el abuelo tomó una sabia decisión.

Capítulo 6
Viaje a la tienda general

Mattoon era una pequeña ciudad ferroviaria en Illinois justo al lado de la autopista 121. Fue nombrada en honor a William Mattoon en 1854 y quedaba cerca a la finca de la familia Grissom, la cual se construyó en 1855. La ciudad se convirtió en un cruce para el ferrocarril y rápidamente creció a más de 100 edificios en 1856 con escuelas, negocios e iglesias. Dos ríos pasaban por la ciudad, el río Embarras y el Kaskaskia. Los primeros colonos cultivaban maíz, papas y otros vegetales para lo que los ríos suplían el agua. Los dos ríos proporcionaron a los colonos madera para que pudieran comenzar a construir granjas en todo el condado.

La granja Lincoln se estableció en el condado de Coles en 1831 y está muy cerca de Matoon. El presidente de Los Estados Unidos,

Abraham Lincoln viajó a través de Matton como abogado de la corte de circuito del área, antes de convertirse en presidente. El presidente Abraham Lincoln hasta tuvo un debate con Stephen Douglas en 1858 en esta ciudad.

Mattoon se convirtió en una ciudad manufacturera durante la Primera y Segunda Guerra Mundial. Las tierras cultivadas rodeaban la ciudad y la población creció y se volvió abundantemente productiva. La tienda más grande de Mattoon se llamaba "Tienda de cinco y diez centavos". Esta es la tienda que los primos amaban para ir a comprar.

El centro de Mattoon tenía muchas actividades durante el día. Los agricultores iban a comprar los suministros del alimento y la semilla. Sus esposas recogían comestibles o iban a ver vitrinas para enterarse de la última moda. Cada tienda tenía una oferta única de mercancía y ahí es donde ibas a conseguir lo que necesitabas.

La abuela Alene se aseguraba de que cada uno de sus nietos tuviera la oportunidad de buscar y comprar. Ella estaba feliz donde sus nietos estuvieran felices. Esto quedó demostrado en la manera en que ella ahorraba dinero para darles a ellos. Desde Cajitas felices de McDonalds, hasta juguetes de la Tienda de cinco y diez centavos, la abuela Alene se aseguraba que cada nieto tuviera la oportunidad de comprar alguna cosa deseada.

Ya cuando estaban en la finca de regreso, los niños se apilaban afuera del auto Oldsmobile de 1957, para contarle a la abuela Alene una cosa que habían disfrutado del viaje a la ciudad. Era como un juego de "muestra y cuenta".

—Yo compré una cartera con piedras en la parte de afuera— dijo Kathy. La voy a poder usar para cargar mi billetera.

—Mi parte preferida fue ir a ver vestidos en las tiendas —dijo Sherry Kay. El vestido azul marino con dobladillos plateados es el que quiero— continuó Sherry Kay.
—Abuela, ¿podemos comprar vestidos iguales?— le preguntó Sherry Kay.
En muchas ocasiones, a las niñas les gustaba vestirse con vestidos iguales. Desde usar el mismo delantal del restaurante de hamburguesas *Steak and Shake* y el sombrero con sus vestidos de domingo, las primas disfrutaban el vestirse iguales, así como sus mamás, (las hermanas Grissom), lo hicieron cuando eran pequeñas.

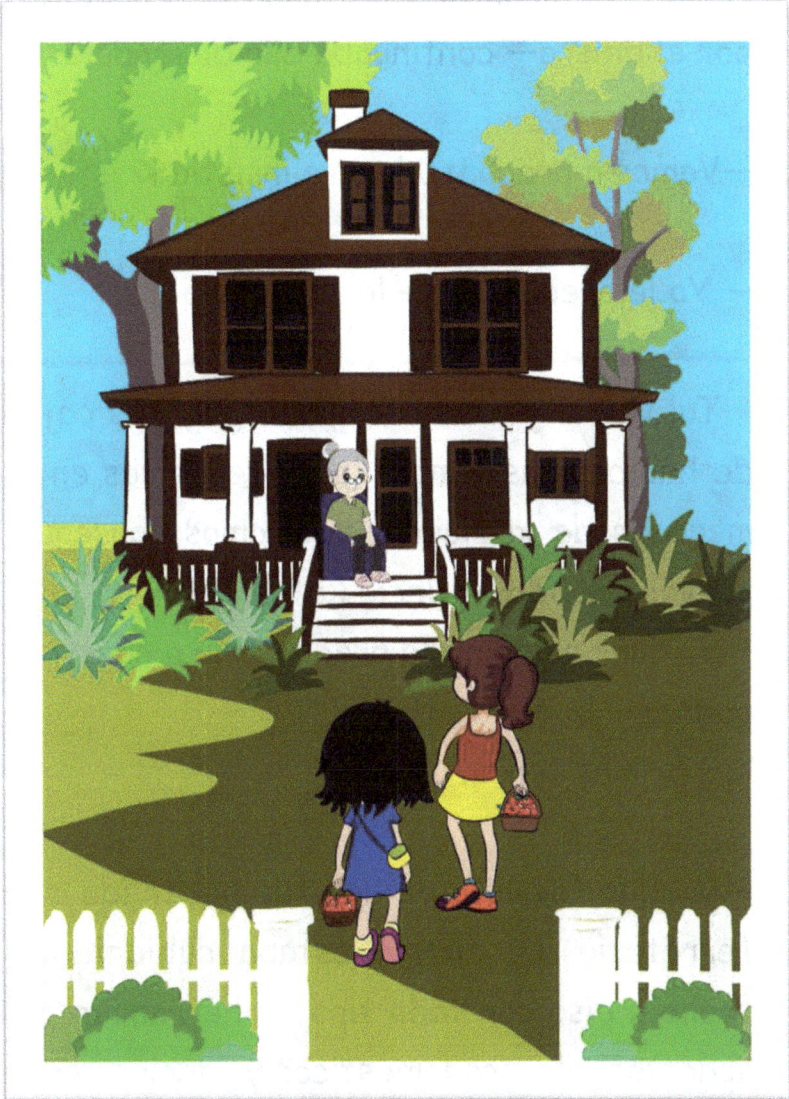

—Bueno, vamos a ver— les dijo la abuela Alene. Tendremos que preguntarle al abuelo por el dinero— continuaba ella diciéndoles.

—Vamos a preguntarle— le insistía Kristi,

— Yo le preguntaré— le respondió ella.

—Tal vez si juntas recogemos algunas cajas de habichuelas y maíz para venderlas en el mercado de la ciudad, podríamos conseguir nuevos vestidos— decía Letha Carol.
—Si, vamos además a preguntarle a nuestros padres— le dijo Kathy.
Las primas tenían un plan.

—Mi plan favorito de hoy fue haber ido a la ferretería. La tienda estaba cubierta de techo a piso con todo tipo de herramientas, aparatos, electrodomésticos y demás cosas de ferretería. Cada cosa tenía su precio colgando con la información acerca del uso.

—Hay mucho por ver ahí— explicaba Kristi.
—Puedes durar horas solo observando—
continuó Kristi. Ir de compras es super
divertido, así que ahora no puedo esperar
hasta que volvamos a ir— agregó Kristi.

—Mi parte favorita fue ir a McDonalds— dijo
Letha Carol. La cajita feliz es deliciosa y me
dieron el juguete de Abelardo en patines
(Plaza Sésamo)— agregó Letha Carol.
Ir a la ciudad siempre era una aventura para
los primos.

Tan pronto como todos regresaron a la
granja y entraron en la sala de estar, llegó el
momento de jugar "Parejas de mundo", un
juego de cartas. La abuela Alene se sentaba
en el sofá y las niñas la rodeaban en el piso.
Las cartas se barajaban y se distribuían.
Cada una tomábamos turnos.

Capítulo 7
Truenos y relámpagos

El verano estuvo cargado de muchas actividades en la finca. Pero no solo actividades de finca, también actividades divertidas. Una de esas era la celebración del 4 de Julio. Este era el mejor momento para los primos. Este era el día de no solo jugar juegos, comer y seguir jugando, sino también el día de los fuegos pirotécnicos.

El día siempre comenzaba con un desayuno, seguido de un juego de "la lleva". El 4 de Julio era un día sin oficios ni obligaciones, lo que significaba mucho tiempo para jugar. Después de jugar, los primos se iban al granero, al lago, o a escalar por unas horas, en el bosque que tenían cerca . A la hora del almuerzo, la tía Letha le recordaba a los primos que irían a la ciudad a ver el espectáculo de fuegos pirotécnicos.

—Espectacular, no puedo esperar para ir a verlos— contestaba Sherry Kay.

—Vamos a comprar fuegos pirotécnicos también— agregaba Stephen.

—¿Quién se va con quién?— preguntó Kristi.

—La tía Vi contestó fuerte y respondió— Las niñas Letha Carol, Sherry Kay, Kathy y Kristi se pueden ir con la tía Letha, la abuela Alene y conmigo. Los niños Stephen, Allen y David se van con el abuelo, el tío Wes y el tío Butch— continuó la tía Vi. ¿Todo el mundo está de acuerdo?— preguntó.

Mientras el sol se ocultaba, las cobijas se pusieron en la hierba, cerca donde estaban los carros estacionados. El espectáculo comenzaría muy pronto, justo a tiempo para que los primos disfrutaran de las luces maravillosas. Al llegar a la ciudad se compraban los fuegos pirotécnicos para ser usados más tarde en la noche. El abuelo Grissom dejaba a Allen y Stephen encender los fuegos artificiales, después de que regresaban de la ciudad, lo que los hacía a ellos muy felices. Allen no dejaba a los más pequeños por fuera de la diversión y se aseguraba que Kathy y Kristi jugaran con luces de bengalas alrededor.

La ciudad estaba llena de visitantes, turistas y familias de la comunidad de Greenup. La ciudad preparaba un espectáculo fantástico que más y más gente visitaba cada año para disfrutarlo. Los primos se sentaban en las cobijas a hablar de cual juego pirotécnico les gustaba más.

—A mí me gustaron los círculos verdes y blancos— dijo orgullosamente David.

—Bueno, a mi me gustaron las estrellas fugaces rojas, blancas y azules— intervino Sherry Kay.

—Mis favoritos fueron los ovalos morados y amarillos que caían del cielo— dijo Letha Carol.

—A mi me gustó el diamante azul— expresó Kathy.

—Bueno, a mi me gustó el final cuando todos los juegos pirotécnicos se juntan en el cielo rápidamente y vimos el gran espectáculo de luces brillantes— finalizó Kristi.

Al terminar todo el espectáculo, David se volteó y le preguntó a Allen:
—¿Qué tipo de fuegos artificiales compraste?

La conversación continuó, mientras Allen y Stephen le explicaban a todo el grupo el próximo espectáculo que ellos harían al llegar a la finca de regreso.

Desafortunadamente ese 4 de julio de 1979, una gran tormenta llegó a la zona y la gran tradición de ir a ver los fuegos artificiales y regresarnos luego a la finca para hacer nuestro propio espectáculo, tuvo que cancelarse ese año. Llovió muchísimo, los rayos iluminaron el cielo y el viento aulló mientras la tormenta persistía sobre Greenup.

Este fue un día triste para los primos, pero ellos entendieron que no sería posible asistir al espectáculo de fuegos artificiales ese año. —¿Crees que la tormenta va a parar para el espectáculo esta noche?— preguntó Kristi.

—Yo no creo— respondió la tía Vi. El meteorólogo dijo que estábamos esperando una gran tormenta esta noche— continuó la tía Vi.

La terraza delantera estaba llena de todos tratando de ver las nubes, la lluvia y los rayos.

—Supongo que eso significa que podemos jugar Monopolio otra vez— dijo Kathy.

Ella amaba el Monopolio y siempre quería jugar. Algunas veces, la abuela Alene dejaba a los primos quedarse con el juego por varios días, así podían jugarlo y continuarlo al día siguiente.

—No esta noche— le respondió Sherry Kay. Me gustaría jugar con las muñecas mejor. ¿Abuela, terminaste de coser el vestido de Katie?— le preguntó Sherry Kay.

Coser era una de las actividades preferidas de la abuela Alene. Ella le hacía vestidos a las muñecas. Esta era una de las actividades favoritas de Sherry Kay. Ella realmente disfrutaba cambiar de ropa a las muñecas y ponerles lazos en el cabello.

Mientras la tormenta se acercaba, así mismo se acercaron los rayos. Los rayos se podían ver en el bosque, en las siembras de maíz y en la carretera. Luego, cuando la tormenta se fue alejando de los campos de maíz, se dirigió directamente hacia la casa finca.

-Todos adentro, gritó el abuelo.

- Viene hacia nosotros— dijo la tía Letha.

Todos se amontonaron en la sala de estar y justo cuando el tío Butch cerró la puerta de enfrente, un fuerte rayo cayó sobre el árbol de cereza que estaba al lado de la casa.

—¡No puede ser!— gritó Stephen. ¡El rayo le dio al árbol de cereza!

—¡Una de las ramas se partió en dos!— exclamó Allen.

—Abuelo, ¿tú quieres que vaya a revisar? -preguntó Allen.

Efectivamente, la rama derecha del cerezo de 52 pies había sido alcanzada por un rayo y una parte cayó y por poco alcanza a caer sobre la casa. Las cerezas habían volado por todas partes, incluyendo en la terraza de enfrente de la casa.

—No, esperemos a que la tormenta haya pasado un poco para salir a revisar afuera— respondió el abuelo.

Mirando por la puerta y las ventanas del lado de la tormenta, todos los primos pudieron observar las cerezas regadas que habían caído del árbol.

—Esto quiere decir que tendremos más pastel de cereza— dijo David mientras se saboreaba sus labios.

—O podríamos comer crepes de cereza— agregó Letha Carol.

—También podríamos hacer helado de cereza— dijo la abuela Alene.
Todos estuvieron de acuerdo con que el pastel y el helado de cereza serían la mejor idea.

Después de la tormenta, los primos agarraron sus canastos de la parte de atrás del granero y comenzaron a recoger cientos de cerezas regadas en toda la terraza delantera de la casa. El árbol de cereza parecía estar afectado por la tormenta y Kristi preguntó:

—¿Puedes arreglar el árbol de cerezo Allen?

—Puedo retirar la rama dañada y así el árbol estará muy bien— le respondió él.

—Eso espero— le contestó Kristi. La abuela tiene que hacer su pastel y el helado de cerezas— agregó Kristi.

Allen se sonrió.

—Este va a ser un 4 de julio que nunca olvidaremos. El viejo árbol de cerezo que sobrevivió una tormenta eléctrica— dijo Allen.

Capítulo 8
El desván del granero

Kristi declaró con autoridad:

—Clase, es hora de tomar asistencia. Por favor digan: ¡Presente! cuando yo llame su nombre.
—¿Kathy?— preguntó Kristi.

—¡Presente!— respondió Kathy.

—¿Sherry Kay?

—¡Presente!

—¿Letha Carol?

—¡Presente!

Las primas se sentaron en los viejos escritorios que estaban alineados en el desván del granero. Era generalmente el lugar donde el abuelo guardaba el heno, pero en este verano era diferente. El desván tenia muchos libros, escritorios, sillas y un gran tablero negro. No eran solo unos cuantos libros, eran cientos de libros apilados hasta el techo del granero. Un tesoro para los lectores de historia, matemáticas, ciencias y literatura.

El abuelo Grissom escuchó que la escuela local estaba haciendo limpieza de los salones y regalando libros , escritorios, sillas y varios tableros.

Allen, Stephen y el abuelo llevaron el remolque y lo llenaron todo. Ahora el desván del granero tenía toda clase de materiales y eso para los primos fue ilo máximo! Era una verdadera escuela, un lugar para jugar a la escuela, leer y explorar libros.

La biblioteca tenía libros de ciencias, historia, matemáticas, literatura y una gran variedad de otras materias. El tablero lo instalaron en todo el frente del desván con los escritorios alineados enfrente.

Kristi explicó— Clase, hoy vamos a discutir sobre los primeros héroes de América.

Ella tenía un libro donde mostraba la foto de George Washington.

—¿Puede alguien decirme algo acerca del primer presidente de Los Estados Unidos?— preguntó Kristi.

Letha Carol levantó su mano.

—¡Yo puedo!— respondió animadamente.

—Muy bien Letha Carol, por favor comparte lo que tu sabes al respecto— le dijo Kristi.

Kristi era perfecta dirigiendo la lección de la clase de sus primos. Ellos disfrutaban mucho jugando a la escuela. El abuelo les dijo a sus nietos que ellos podrían quedarse con algunas cosas de la escuela y eso los motivó aún más para jugar a la escuelita.

—Él tenía una finca como la de mi abuela y mi abuelo— comenzó Letha a contarles.
—Él dirigió el ejército durante la Guerra Revolucionaria Americana. Creo que esto sucedió hacia los años 1700— continuó Letha.
—Además, él es considerado el "Padre de la Patria"— explicó Letha Carol.
—¡Muy bien!— continuó Kristi. Washington ha sido reconocido en el Distrito Capital de Washington con monumentos en su honor y la foto de él está en una de las monedas de 25 centavos y el en billete de dólar americano; ah y también en las estampillas de correo— agregó Kristi.

Mientras el verano llegaba a su fin, el abuelo animó a sus nietos para que se llevaran en sus carros libros y eso fue justo lo que todos hicieron. Cada carro llevaba empacado libros para las 14 horas de viaje que tenían que recorrer de regreso a casa, ya fuera hacia Texas o hacia Georgia. Los primos leyeron por horas mientras recorrían las millas.

Capítulo 9
Bagre y Donas

Las donas son el mejor regalo un sábado por la mañana, después de una larga semana de trabajo. Algunas personas van y recogen una docena solo para disfrutar el sabor, mientras disfrutan de un dulce pedazo de cielo. Las donas son las favoritas y hay una gran variedad que no te permite solo comer una. Arándanos, galleta de chocolate, crema de limón, toque de canela y canela, solo para nombrar algunas.

La tienda local de donas en Greenup siempre estaba muy ocupada los sábados en las mañanas. Los primos amaban ver al abuelo Grissom entrar por la puerta cargado con cuatro docenas de donas. Era lo máximo comerse una dona, ver caricaturas y disfrutar de la compañía de todos.

Algunas veces la tienda de donas vendía cientos de donas que hacían para el día, mientras que otras veces les quedaban muchas. Las donas son deliciosas cuando están hechas el mismo día; sin embargo a la gente no le importa comerse las donas del día anterior.

El abuelo era experto en hacer amigos en la comunidad. Él conocía a todo el mundo y el dueño de la tienda de donas era uno de ellos. Así que, el lunes, después del fin de semana, el abuelo Grissom iba en su camioneta vieja al pueblo y recogía todas las donas que habían quedado del día anterior. Algunas veces él traía toda la camioneta llena de donas, mientras que otras veces solo traía unas cuantas. El dueño de la tienda de donas felizmente le daba al abuelo Grissom las donas, las cuales guardaba en bolsas de fique de cinco libras.

Esta semana las bolsas de donas llenaron la camioneta y cuando el abuelo se acercaba a la finca, Allen llamó a todos los primos para que vinieran al granero.

—Sherry Kay, Stephen, Kristi, traigan a todos al estanque— les gritó.

—Suggie— continuó Allen, asegúrate que todos traigan guantes. (Suggie era el sobrenombre de Sherry Kay y Allen y Stephen amaban llamarla así).

Después de escuchar el llamado de Allen, todos los primos vinieron corriendo colina abajo, desde la casa hasta el granero.

El granero estaba localizado al frente de la calle de donde estaba la casa finca. El camino al lado del granero conducía a la entrada principal. La vía continuaba hacia la parte de atrás del granero donde había cientos de acres de tierra que se usaban para el cultivo de granos y maíz.

Aproximadamente a media milla del granero había un gran estanque con enormes abrevaderos que lo rodeaban. Los abrevaderos se usaban para proveer de agua al ganado, caballos y burros. Un portón separaba el estanque del granero y una cerca protegía la siembra de granos y maíz. El ganado, los caballos y burros tenían alrededor de dos acres para caminar libremente y poder alimentarse. El estanque estaba localizado justo en el medio y proporcionaba a los animales de agua que se bombeaba a los abrevaderos. El estanque también estaba lleno de bagres.

—¡El que llegue de último al estanque es un huevo podrido!— gritó Allen.

Los primos corrieron por el camino de tierra, mientras Allen manejaba hacia el estanque, la vieja camioneta llena de donas.

Obviamente Allen fue el primero en llegar al estanque. El resto de primos fueron llegando y se montaron en la parte trasera de la camioneta. Esta era la parte divertida, la hora de la merienda o mecato. Era la hora de escoger las donas que se querían comer cada uno.

—Yo quiero una de arándanos— decía Kathy.

—Yo quiero la glaseada— decía Letha Carol.

—Yo voy a escoger la de canela enroscada— dijo Kristi.

Cada uno de los primos escogió de dos a tres donas.

Mientras se comían sus donas, los primos usaban la otra mano para lanzar donas en el estanque. Apenas la primera dona tocaba el agua, se veían pocos bagres acercarse, pero cuando ya caían más donas al agua, cientos de bagres se veían en la superficie. Todos clamaban y luchaban para lograr morder la dona. Era muy divertido para los primos ver los bagres saltar fuera y dentro del agua tratando de alcanzar una dona.

—¿Viste esa?— preguntó David. Es muy grande.

—¿Viste esta otra?— preguntó Kristi. Tiene una mirada con propósito— continuó ella.

El lanzamiento de las donas continuó, hasta que todas las donas se acabaron de la caja y ya se habían comido las de la merienda también. La siguiente semana la misma rutina comenzaba nuevamente.r

Capítulo 10
El pequeño martillo de la abuela Alene

La abuela Alene media alrededor de 5 pies y 4 pulgadas de altura. Ella tenía iluminaciones doradas en su cabello y siempre estaba derecha, elegante y alta. Se comportaba con educación y tenía una dulzura que la familia adoraba. A pesar de que la vida en la finca era de trabajo pesado día y noche, la abuela Alene siempre se ponía vestidos. ¡Si, vestidos! Ella hasta lavaba la ropa, lavaba los platos, limpiaba la casa, trabajaba en el jardín, preparaba comidas, ayudaba alimentando a los animales, tejía cobijas y cosía ropa para la familia, ¡mientras usaba sus vestidos!

La abuela Alene siempre usaba un delantal sobre su vestido. Cada dia ella usaba uno diferente: azul cielo, morado, amarillo sol, crema, verde lima, o rosado cereza. Cada uno estaba hecho de una tela diferente de encaje, algodón, lino de terciopelo o satin, con varios diseños y patrones. La idea de la abuela Alene era estar a la moda siempre y verse bella mientras trabajaba. Ya que ella misma cosía todos sus delantales, cada uno tenía bolsillos. Los bolsillos eran usados para cargar pequeñas cosas como, un trapo de cocina, varios utensilios y entre todos esos: un pequeño martillo.

—Kristi, ve al baño de la abuela y baja mi delantal morado— le dice la abuela Alene. Está colgado detrás de la puerta.

Kristi no lo pensó dos veces, se levantó rápidamente de la silla de la sala y se fue al baño a buscar el delantal de la abuela Alene.

—Gracias mi amor— le dijo la abuela cuando Kristi le entregaba el delantal.

—Tu eres muy bien mandada.

—Soy muy afortunada de tener una nieta como tu Kristi— continuó la abuela Alene.

A pesar que la abuela siempre cambiaba de delantal diariamente, ella solo tenía un pequeño martillo.

—Abuela Alene, ¿para qué es ese martillo pequeño?— preguntó Kristi.

Kristi sabía que ella usaba su delantal para poner cosas de la cocina, pero ¿un martillo pequeño?

—El pequeño martillo es para protegerme— respondió la abuela Alene. Cuando el abuelo Grissom se va a la ciudad, a recoger la cosecha de maíz, o va a visitar otras fincas— ... aquí me quedo yo solita— continuó la abuela Alene.

—Además, también cargo el pequeño martillo en caso de que necesite terminar un proyecto en la casa y por protección cuando estoy en el granero— agregó la abuela Alene.

—¿Te acuerdas el día que vi la culebra en el jardín de enfrente de la casa? Yo usé el pequeño martillo para pegarle en la cabeza— dijo ella.

—Eso dejó a la culebra privada— ella continuó.

Kristi miró a Sherry Kay con cara de asombro.

—Esa culebra era muy grande, tanto que me asustó mucho— dijo Kathy.

—El tío Wes tuvo que traer una pala para recogerla— agregó Sherry Kay.

—Nadie olvidará ese día— dijo Kristi.

—Bueno, si ves que el pequeño martillo lo uso como protección y para los quehaceres en la finca— agregó la abuela Alene.

Ella nos explicó la importancia de saber usar herramientas simples que te pueden ayudar en las tareas diarias.

—El pequeño martillo se usa también para colgar cosas— dijo la abuela Alene.
Ella movió el martillo como martillándose la mano. Se usa para arreglar la cerca de la finca, arreglar el granero y construir cosas como las puertas— continuó explicando la abuela Alene.

—¿Por qué sabes tantas cosas abuela?— preguntó Kristi. ¿Puedo usarlo hoy para ayudar a limpiar el granero?

—Claro que lo puedes usar— respondió la abuela Alene.

—Yo quiero ser la siguiente en usarlo— dijo Sherry Kay.

—Luego será mi turno de usarlo—dijo Kathy.

El pequeño martillo le enseñó a las niñas la lección acerca de cómo pequeñas cosas pueden hacer una gran diferencia.

Capítulo 11
Béisbol y tapas de gaseosas

Las bases estaban llenas y David estaba asesorando a Stephen en cómo batear la pelota para lograr que todas las carreras lleguen al plato y se puedan anotar a favor. Allen lanzó la pelota.

—¡Primer strike!— Gritó Kathy, mientras se alistaba para jugar como cátcher.

La pelota retornó y Allen se alistó para la jugada.

—¿Estás lista Kriti?—preguntó Allen.

—Si, estoy lista— respondió Kristi.

Entonces Allen lanzó una pelota perfecta. Stephen agitó el bate y mientras avanzaba, la pelota aterrizó justo en medio del bate.

Fue un batazo maravilloso. Mientras la pelota iba volando hacia la siembra de habichuelas, todos sabían que esto iba a ser un jonrón.

—Corre Kriti y trata de atraparla— le gritó Allen.

Stephen corrió y luego Sherry Kay y Letha Carol corrieron con todas sus fuerzas. Sherry Kay fue la primera en tocar el plato, luego Letha Carol, seguido de Stephen. Stephen había dado un gran batazo y ahora Allen y Kristi tenían mucho trabajo por delante...

El garaje estaba completamente lleno de tapitas de gaseosas. La colección había empezado hacía muchas lunas atrás. En el cuarto de cachivaches había un gran balde donde se recogían las tapas. Después de haber recolectado varios cientos de tapas de gaseosa, los primos las clasificaron por marca de gaseosa y las pusieron en el piso del garaje; Sprite, Dr. Pepper, Coca Cola, Coca cola de Dieta, 7Up y muchas otras marcas que adornaban desde la entrada de la finca hasta el garaje. Al abuelo le gustaba que se viera el frente de las tapas para que se mostraran los distintos colores, letras y símbolos.

El garaje era perfecto para la vieja camioneta y un carro.

—Yo voy a poner todas las tapas de Coca Cola en este lugar. Dame tus tapas de Cocacola— les dijo Kristi.

—Bueno, pues entonces yo quiero todas las de Sprite de este lado— respondió Sherry Kay.

—Yo soy Pepper, ella es Pepper, ¿no quieres ser una Pepper tú también?— les cantó Kathy.

Ella quería recolectar todas las tapas de Dr. Pepper.

—Las plateadas son perfectas para mí — dijo Letha Carol.

Cada una de las primas comenzó a llenar el piso del garaje con las tapas de las gaseosas.

Después de una hora y media, las primas se levantaron para admirar el gran trabajo manual que habían hecho.

—¡Ven a ver abuelo!— le dijo Kristi, mientras ella corría hacia la casa finca para traerlo.
—Queremos que vengas a ver— ella continuó.

Él caminó hacia el garaje y se quedó maravillado y luego les dijo:

—¡Qué buen trabajo niñas!

Las niñas sintieron que habían logrado hacer otra pieza histórica para la finca. Ellas se sintieron muy orgullosas de haber podido ayudar.

Capítulo 12
Sandía, sandía y más sandía

Al lado del árbol de cereza, hacia la derecha del jardín, estaba un viejo árbol de roble. Era inmenso y por lo menos tenía 100 años. Sus ramas cubrían el suelo y proveían de mucha sombra. A pocas yardas del árbol, era donde estaba la plantación de sandías, muchas para poder contarlas. Los primos amaban comer sandía fresca.

La abuela Alene algunas veces dejaba que los primos recogieran las más verdes y bonitas para llevar a vender al mercado. También les dio permiso de comerse una. Era un deleite para los primos cuando llegaba el momento de ir a recoger las sandías. Stephen iba a la leñería, ubicada detrás de la granja y tomaba la carretilla que facilitaba el transporte de las sandías.

—Ya tengo la carretilla, alguien que vaya y traiga los tazones— dijo Stephen.

Sherry Kay corrió hacia la casa y agarró siete tazones.

—¡Mmm, mmm, mmm!— expresó Kristi.
Esta iba a ser una gran aventura.

—Sandía, sandía en un plato. ¿Cuántas semillas puedes recolectar?— preguntó Kristi a los primos, mientras todos corrían hacia el huerto de sandías.

—¿Puedo recoger la primera sandía que vamos a comer?— preguntó Kathy.

—Claro que sí— le respondió Letha Carol.

Tan pronto como los primos llegaron al huerto de sandías, Kristi comenzó a contarlas.

—Una, dos, tres, cuatro, cinco, seis, y …— gritó Kristi.

—Parece que hay muchas en esta ocasión— agregó.

—Estás en lo correcto, lo que quiere decir que podemos comernos dos de ellas— agregó David.

—¡Que bien, que bien!— exclamó Kathy.

La abuela Alene guardó toda la sandía extra en el refrigerador del porche trasero para mantenerlas tan frescas como la nieve. Ellas estaban tan deliciosas que los primos querían sandía todos los días para la merienda. La abuela Alene usualmente las cortaba en pequeños trozos que cuando te los comías, el dulce jugo se chorreaba de tus labios.

—Sandía, sandía en un plato. ¿Cuántas semillas puedes recolectar?— repetía Kristi.

Luego los primos inspeccionaron todas las sandías para escoger la mejor. La primera era de un verde fuerte, con un patrón de líneas blancas.

—Esta es la mejor para mí— afirmó Sherry Kay.

Kathy estuvo de acuerdo con ella y la agarró.

—Pienso que debemos tomar esta y llevársela a la abuela Alene y luego debemos encontrar otra para poder comerla nosotros ya mismo— agregó Kathy.

—Si pienso que es una gran idea— dijo Letha Carol.

—Manos a la obra— dijo Stephen, mientras todos apilaban sus manos, una encima de las otras en un círculo.

—¿Todos están de acuerdo?— preguntó Stephen.

—Todos al unísono, ¡SI!— mientras todos lanzaron sus manos al aire.

David recogió las sandías y las colocó sobre la carretilla. Él rápidamente lo llevó al porche trasero y lo metió al refrigerador.

Los otros continuaron con la tarea de encontrar la sandía que les iba a servir de merienda para ese día.

—Aquí está— dijo Kristi. ¡Esta es la escogida!

—¡Si esa se ve deliciosa!— dijo Kathy.

Entonces, Kristi la levantó y la puso a un lado del camino del huerto. Sherry Kay y Kristi empezaron a cortar la sandía, mientras los otros seguían recogiendo el resto de las sandías y llenando la carretilla. Estas eran las sandías que se vendían en el mercado local de granjeros junto a otras frutas y vegetales que se habían cosechado en la finca.

Sherry Kay los llamó:
—Muy bien muchachos, es tiempo de comer así que vengan y agarren su pedazo.

Mientras Stephen regresaba con la carretilla, los primos ya habían empezado a comerse la deliciosa sandía fresca.

Mientras ellos comían, todos guardaron las semillas para plantarlas otra vez y las cáscaras se reservaron para los cerditos. Un plato se usó para las cáscaras y el otro para las semillas. Mientras terminaban la deliciosa sandía, sus manos y caras estaban cubiertas del jugo dulce y pegajoso de la fruta.

La abuela Alene, la tía Vi y la tía Letha observaban desde la terraza. Cuando llegó el momento de que los primos trajeran las sandías de regreso a la finca, la abuela Alene los encontró en medio camino cargando un trapo húmedo para cada uno de ellos, con el fin de que se limpiaran el jugo pegajoso de sus caras y manos.

—De regreso al trabajo— les dijo Stephen.

La carretilla solo podía cargar cinco sandías. Así que, Stephen las llevaba a la parte trasera del garaje donde estaban las otras frutas y vegetales guardadas para el mercado de granjeros. ¡Ese día ellos recogieron 25 sandías!

El abuelo Grissom tenía alrededor de 100 cerdos en la porqueriza, la cual estaba dividida en cuatro corrales. Los corrales estaban exactamente detrás de la casa finca donde todos los restos de comida, vegetales dañados o golpeados del jardín, pedazos de mazorcas (elotes) y granos de los sembrados se guardaban para alimentar los cerdos.

—¡Cerditos, cerditos, cerditos!— gritaba Kristi cuando se acercaban a las porquerizas.

Ella llevaba las cáscaras frescas de sandía y no podía esperar para alimentar los cerditos. Kathy, Sherry Kay y Letha Carol corrían con ella. Las niñas se pararon sobre la cerca para alimentar a los cerdos.

Se podía escuchar la risa de las niñas, mientras tiraban las cáscaras dentro de los corrales.

—¿Ustedes creen que más tarde la abuela Alene nos va a dejar jugar con las muñecas de papel?— preguntó Kathy.

—Yo creo que sí. Probablemente en el momento en que terminemos con las habichuelas— dijo Sherry Kay.

—Oigan, yo creo que debemos subir al ático en algún momento, porque quiero mostrarles el vestido de boda de la tía Velma— continuó Sherry Kay.

—¿ De verdad?— le preguntó Letha Carol.

—Nosotras no tenemos permiso de subir al ático— les recordó Kristi.

—Bueno yo creo que sí podemos, mientras estemos bien calladas— respondió Sherry Kay, con un guiño en su ojo.

—Muy bien, entonces hagamos el plan para subir al ático— dijo Kristi.

—Lo haremos después de terminar de enlatar las habichuelas— agregó Sherry Kay.

Entonces, así nada más, su siguiente aventura quedó planeada...

Acerca del autor:

Kristina Weeks tiene 28 años de experiencia en educación como escritora de curriculum, capacitadora de profesores, administradora, directora y educadora. Ella además tuvo la oportunidad de trabajar como asistente técnica de lectura para la universidad de Texas en asociación con TEA para supervisar varios distritos con lectura, RTI, diferenciación y curriculum. Ella ha entrenado profesores y personal usando varias estrategias de instrucción, curriculum y evaluaciones.

Su trayectoria en educación le ha permitido participar en la escritura de los estándares de Artes del Lenguaje en inglés, matemáticas y música; también de participar en la puntuación y calificación del Servicio de Pruebas Educativas (ETS-siglas en inglés). Ella obtuvo Maestría en Liderazgo y

Maestría en Administración y Consejería - Universidad Estatal de Sam Houston y en Currículum e Instrucción -Universidad Bautista de Houston. Sus certificaciones incluyen, Superintendente, Directora. Profesora, Estudiantes de una Segunda Lengua, Educación Especial y Dotados y Talentosos.

El 4 de mayo de 2018, ella fue aceptada para hacer su Programa de Doctorado en Educación y Liderazgo Educativo Ejecutivo en la Universidad Bautista de Houston. Ella además cursó T-Pess, T-Tess, AEL, y IDF para su programa de doctorado y es miembro de TASA, TCWSE, TCCA, NESLI y TCPEA.

www.ingramcontent.com/pod-product-compliance
Lightning Source LLC
Chambersburg PA
CBHW072204270326
41930CB00011B/2526